A tortura

●●-●

Henri Alleg

A tortura

tradução e posfácio
Samuel Titan Jr.

todavia

A tortura 11

O tom da história
Samuel Titan Jr. 71

Henri Alleg foi, de 1950 a 1955, diretor do jornal Alger Républicain. *Esse diário, o único na Argélia a abrir suas colunas a todas as tendências da opinião democrática e nacional argelina, foi proibido de circular em setembro de 1955.*

A partir dessa data, Henri Alleg multiplica os esforços para que se suspenda essa interdição, reconhecida como ilegal pelo Tribunal Administrativo de Argel, o que não impediu as autoridades de se oporem ao retorno do jornal.

Em novembro de 1955, a fim de escapar à ordem de prisão que atinge a maioria dos colaboradores do jornal, Alleg é forçado a passar à clandestinidade.

Ele é detido em 12 de junho de 1957 pelos paraquedistas da 10ª DP, que o mantêm sequestrado em El-Biar, na periferia de Argel, durante um mês inteiro.[1]

Este livro é o relato dessa detenção. Ele termina no momento em que Henri Alleg é transferido para o "centro de alojamento" de Lodi. (Sabe-se que há numerosos campos dessa natureza na Argélia: Bossuet, Paul-Cazelles, Berrouaghia, entre outros, onde

---

[1] Enviada a Argel, a 10ª Divisão Paraquedista tornou-se a força policial de fato na cidade a partir de janeiro de 1957 e durante os seis meses que durou a assim chamada Batalha de Argel. [N. T.]

são confinadas, por mera decisão administrativa, pessoas contra as quais nenhuma denúncia foi acolhida.)

Do campo, Alleg fez chegar à França uma cópia da denúncia depositada por ele junto ao procurador-geral de Argel no fim de julho: nela, acusa as torturas de que foi vítima. Essa denúncia obtém grande repercussão na imprensa francesa e internacional.

A partir desse momento, começam a circular em Argel os rumores mais inquietantes a respeito do "desaparecimento", do "sequestro" e mesmo do "falecimento" de Alleg. E é apenas na esteira de uma grande campanha de imprensa que, em 17 de agosto — ou seja, dois meses após sua detenção —, Alleg é finalmente conduzido diante de um juiz de instrução. Desde então, está encarcerado na prisão civil de Argel. Por volta de novembro, foi indiciado, como membro do Partido Comunista da Argélia, por atentado à segurança nacional e por envolvimento com associação proibida.

Por outro lado, ainda hoje, seis meses depois da abertura do inquérito ordenado pelo general Allard, a denúncia de Alleg encontra-se ainda hoje "em fase de instrução".

Ora, Alleg foi confrontado com os oficiais e policiais que designara nominalmente como seus torturadores.

Ora, o juiz militar encarregado da instrução da denúncia procedeu, na companhia de Alleg, a uma visita aos locais, durante a qual Alleg foi capaz de descrever de memória, antes de adentrá-los, diversos espaços do edifício de El-Biar, em particular a cozinha, que não conheceria se, como querem dar a entender, o interrogatório tivesse se dado de modo "normal".

Ora, consta da documentação um laudo médico detalhado, redigido por dois médicos igualmente internados em Lodi, que examinaram Alleg quando de sua chegada ao campo, em 12 de julho. Um mês após as torturas, ele ainda trazia, bem visíveis, as marcas das cordas nos punhos, as cicatrizes das queimaduras e outros traços mais.

Ora, são muitos os casos abertos na sequência de outras denúncias contra os mesmos oficiais.

Se Alleg e seu advogado pedem o indiciamento desses torturadores, eles o fazem não apenas para que atos intoleráveis sejam punidos, mas sobretudo para que não possam se renovar, contra terceiros, práticas tão revoltantes quanto essas.

Ao atacar os franceses corruptos,
é a França que eu quero defender.

Romain Rolland, *Jean-Christophe*

Nesta imensa prisão mais que lotada, em que cada cela abriga um sofrimento, falar de si mesmo é quase uma indecência. No andar térreo encontra-se a "divisão" dos condenados à morte. São oitenta, de tornozelos agrilhoados, a esperar o perdão ou o fim. E é segundo seu ritmo que todos vivemos. Não há prisioneiro que, à noite, não se revire no catre à ideia de que a alvorada pode ser sinistra, não há quem adormeça sem antes pedir com todas as forças que não aconteça nada. E, mesmo assim, é lá de baixo que sobem, todo dia, as canções proibidas, as canções magníficas que sempre vêm do coração dos povos que lutam por sua liberdade.

A tortura? Faz tempo que a palavra se tornou familiar para todos. Aqui são raros os que escaparam a ela. Quando chega um "novato" com quem conseguimos falar, as perguntas são, nesta ordem: "Preso há muito tempo? Torturaram? Polícia ou paraquedistas?". Meu caso é excepcional pela repercussão que teve. Ele está longe de ser único. O que eu disse diante do tribunal, o que direi aqui, ilustra com um exemplo singular isso que é uma prática trivial nesta guerra atroz e sanguinolenta.

Faz agora mais de três meses que fui detido. Durante esse tempo, passei por tantos sofrimentos e tantas humilhações que não ousaria voltar a falar desses dias e noites de suplício se não soubesse que isso pode ser útil, que dar a conhecer a verdade também é uma maneira de contribuir para o cessar-fogo e para a paz. Por noites inteiras, durante todo um mês, ouvi os berros de homens torturados, e seus gritos ressoam para sempre na minha memória. Vi prisioneiros jogados a golpes de cassetete de um andar para outro e que, aturdidos pela tortura e pelas pancadas, já não sabiam fazer outra coisa senão murmurar em árabe as primeiras palavras de uma antiga oração.

Mais tarde, soube de outras coisas mais. Fiquei sabendo do "desaparecimento" do meu amigo Maurice Audin, detido 24 horas antes de mim, torturado pela mesma equipe que, em seguida, "tratou" de mim. Desaparecido como o *cheikh* Tebessi, presidente da Associação dos Ulemás, o dr. Cherif Zahar e tantos outros. Em Lodi, encontrei meu amigo De Milly, funcionário do hospital psiquiátrico de Blida, também ele torturado pelos paraquedistas, mas segundo uma nova técnica: foi amarrado, nu, a uma cadeira de metal, pela qual passava uma corrente elétrica; até hoje, suas pernas estão marcadas a fundo pelas queimaduras. Nos corredores da prisão, reconheci um dos "novatos", Mohamed Sefta, da justiça muçulmana de Argel, a Mahakma. "Quarenta e três dias com os paraquedistas. Me perdoe, ainda tenho dificuldade para falar: eles me queimaram a língua" — e então me mostrou a língua dilacerada. Vi outros mais: no interior do camburão que nos conduzia ao tribunal militar, um jovem comerciante da Casbá, Boualem Bahmed, me mostrou as longas cicatrizes que tinha nas panturrilhas. "Foram os paraquedistas, com uma faca: eu tinha dado abrigo a um FLN."[2]

Do outro lado do muro, na ala reservada às mulheres, estão moças de que ninguém falou: Djamila Bouhired, Élyette Loup, Nassima Hablal, Melika Khene, Lucie Coscas, Colette Grégoire e outras mais. Despidas, espancadas, insultadas por torturadores sádicos, também elas passaram pela água e pela eletricidade. Todo mundo aqui sabe do martírio de Annick Castel, que, estuprada por um paraquedista, julgava estar grávida e só pensava em morrer.

Todas essas coisas, eu as sei, eu as vi, eu as ouvi. Mas quem há de contar todo o resto?

É nos "desaparecidos" e naqueles que, firmes em sua causa, esperam a morte sem medo; naqueles que enfrentaram os carrascos e não os temeram; em todos aqueles que, diante do ódio e da tortura, reafirmam sua certeza numa paz próxima e na amizade entre os nossos povos — é neles que se deve pensar à leitura do meu relato, pois esta poderia ser a história de cada um deles.

---

2 Fundada em 1954, a Frente de Libertação Nacional foi o protagonista principal na luta pela independência da Argélia — será justamente com a FLN que o governo francês negociará e assinará os acordos de Évian, de março de 1962, que puseram fim à guerra. [N.T.]

Eram quatro da tarde quando o tenente paraquedista Charbonnier, acompanhado de um de seus homens e de um policial, chegou ao apartamento de Audin para me levar. Na véspera daquela quarta-feira, 12 de junho, meu amigo Maurice Audin, assistente na Faculdade de Ciências de Argel, fora detido em casa, e um inspetor de polícia ficara de guarda ali. Foi ele que me abriu a porta quando caí na ratoeira. Tentei fugir, sem sucesso, pois o policial, de revólver em punho, me capturou no primeiro andar, e juntos subimos de volta ao apartamento. Muito nervoso, o inspetor me vigiava de esguelha enquanto telefonava para os paraquedistas e pedia reforços imediatos.

Desde a hora em que o tenente entrou no apartamento, eu soube o que me aguardava. Recortado por uma boina imensa, seu rosto pequeno, bem barbeado, triangular e anguloso como o de uma raposa do deserto, sorria com os lábios contraídos. "Excelente presa", disse ele, destacando as sílabas, "esse aí é Henri Alleg, o antigo diretor do *Alger Républicain*." E imediatamente em seguida, dirigindo-se a mim:

— Quem está lhe dando abrigo?

— Isso eu não vou lhe dizer!

Ele sorriu, balançou a cabeça e, então, muito seguro de si:

— Daqui a pouco nós vamos fazer um interrogatoriozinho que vai dar conta do recado. O senhor vai falar, isso eu lhe garanto. Podem algemar!

Segurado por um paraquedista, desci os três lances de escada até a rua. A viatura do tenente, uma Aronde, estava à nossa espera, estacionada do outro lado da rua. Fizeram-me sentar no banco de trás. O paraquedista sentou-se ao meu lado, o cano da metralhadora enfiado nas minhas costelas: "Não banque o engraçadinho, tem bala de sobra aqui dentro".

Seguimos para os altos da cidade. Depois de uma breve parada diante de um casarão (provavelmente um posto de comando dos paraquedistas), em que só Charbonnier entrou, continuamos a subir para os lados de Châteauneuf pelo bulevar Clemenceau. Enfim, a viatura parou para lá da praça El-Biar, diante de um prédio alto em obras.

Atravessei um pátio atravancado por jipes e caminhões militares e cheguei à entrada do prédio inacabado. Subi: Charbonnier ia à frente, o paraquedista vinha atrás de mim. Aqui e ali, as ferragens do cimento armado perfuravam a alvenaria; a escadaria não tinha corrimãos, dos tetos cinza pendiam os fios de uma instalação elétrica apressada.

Em cada novo andar, havia um vaivém incessante de paraquedistas que subiam e desciam, empurrando muçulmanos, prisioneiros em farrapos, com barba de muitos dias, em meio a um estrépito de botas, gargalhadas, grosserias e xingamentos misturados. Eu estava no "centro de triagem do subsetor de Bouzaréah". Logo mais eu aprenderia como se fazia a "triagem".

Nos passos de Charbonnier, entrei num salão do terceiro ou quarto andar: a sala de estar do futuro apartamento.

Algumas mesas desmontáveis; na parede, fotos amarrotadas de suspeitos procurados, mais um telefone de campanha: era essa toda a mobília. Junto à janela, um tenente. Soube mais tarde que se chamava Érulin. Um corpanzil de urso, grande demais para a cabecinha pequena, de olhos puxados como os de uma criança mal acordada, e para a vozinha esganiçada — uma voz um pouco melosa e ciciante, de coroinha devasso.

"Nós vamos lhe dar uma chance", disse Charbonnier, voltando-se para mim. "Aqui está, papel e lápis. O senhor vai contar onde mora, quem lhe deu abrigo desde que passou para a clandestinidade, quem são os seus contatos, quais são as suas atividades..."

O tom ainda era educado. Tinham retirado as algemas. Repeti para os dois tenentes o que tinha dito a Charbonnier durante o trajeto na viatura: "Passei para a clandestinidade para não ser detido, pois eu sabia que era objeto de uma ordem de prisão. Eu me ocupava e ainda me ocupo dos interesses do meu jornal. Por essa razão, encontrei-me em Paris com os srs. Guy Mollet e Gérard Jacquet. Não tenho mais nada a lhes dizer. Não vou escrever nada, e não contem comigo para denunciar quem teve a coragem de me dar abrigo".

Sempre sorridentes e seguros de si, os dois tenentes consultaram-se com os olhos.

"Acho que não vale a pena jogar nosso tempo fora", disse Charbonnier. Érulin fez que sim. No fundo, eu era da mesma opinião: se devia ser torturado, que importava se seria agora ou depois? Em vez de esperar, mais valia enfrentar logo a parte mais dura.

Charbonnier falava ao telefone: "Preparem uma equipe, é para um 'peixe grande', e digam ao Lorca que é para subir".

Alguns instantes depois, Lorca entrava no salão. Vinte e cinco anos, baixinho, amorenado, nariz aquilino, cabelos engomados, testa curta. Aproximou-se de mim e disse, sorrindo: "Ah, então o cliente é ele? Venha comigo". Passei à frente. Um andar abaixo, entrei num espaço estreito: a cozinha do futuro apartamento. Uma pia e uma bancada revestida de cerâmica, com uma coifa por cima, ainda sem os vidros. Ao fundo, uma futura porta-janela camuflada com pedaços de papelão que escureciam o lugar.

"Tire a roupa", disse Lorca; e como eu não obedecesse: "Se não fizer, vai ser à força".

Enquanto eu me despia, paraquedistas entravam e saíam ou paravam no corredor, querendo conhecer o "cliente" de Lorca. Um deles, um loirinho com sotaque parisiense, passou a cabeça pela moldura sem vidro da porta: "Vejam só, um francês! Preferiu passar para o lado dos 'ratos' contra a gente? Cuide bem dele, Lorca, olhe lá!".

Enquanto isso, Lorca instalava sobre o chão uma prancha preta, porejada de umidade, manchada e pegajosa por conta do vômito de outros "clientes".

"Vamos logo, pode ir se deitando!" Eu me estendi sobre a prancha. Com a ajuda de outro, Lorca me amarrou pelos punhos e tornozelos por meio de tiras de couro fixadas à madeira. Lorca estava de pé, as pernas abertas por cima da prancha, à altura do meu peito, as mãos nos quadris, numa pose de conquistador. Ele me mirava bem nos olhos, tentando me intimidar, à maneira de seus chefes.

"Escute", disse ele com um sotaque da região de Oran, "o tenente ainda quis lhe dar uma chance de pensar, mas depois o senhor vai ter de falar. Quando a gente pega um europeu, o trato é outro; com os 'abdulas' é diferente. Mas todo mundo fala. Vai ter de contar tudo, não vale só um pedacinho, viu, tem de ser tudo!"

Enquanto isso, ao meu redor, outros "boinas azuis" tentavam me desmoralizar:

— Por que os teus camaradas não vêm te soltar?

— Mas o que esse aí está fazendo deitado? É para relaxar?

Um outro, mais raivoso:

— Não sei para que perder tempo com esses sujeitos. Por mim, tem mais é que abater e ponto-final.

Por baixo da porta-janela entrava uma corrente de ar gélido. Nu sobre a prancha úmida, eu começava a tremer de frio. Então Lorca, sorridente, perguntou:

— Está com medo? Quer falar?

— Não, não estou com medo, estou com frio.

— Quer dar uma de fanfarrão, não é? Isso passa já. Em quinze minutos o senhor vai estar falando bonitinho.

Fiquei ali, no meio dos paraquedistas que zombavam e xingavam, esforçando-me para manter toda a calma possível.

Por fim, vi entrar Charbonnier, Érulin e um capitão. Alto, magro, lábios cerrados, uma cicatriz na face, elegante e calado: o capitão Devis.

— Pensou bem? — Era Charbonnier que me perguntava.

— Não mudei de posição.

— Bem, foi o senhor que pediu — e, dirigindo-se aos outros, Charbonnier disse: — É melhor passar aqui para a sala ao lado, tem mais luz, é melhor para trabalhar.

Quatro paraquedistas ergueram a prancha em que eu estava preso e me transportaram assim para a sala vizinha, diante da cozinha, e me puseram em cima do cimento cru. Os oficiais se instalaram ao redor, sentados em sacos de campanha trazidos por seus homens. "Ah", disse Charbonnier, ainda muito seguro do resultado, "preciso de papel e de um papelão ou de alguma coisa dura para escrever em cima!" Deram-lhe uma prancheta, que ele deixou à mão. Depois, pegando das mãos de Lorca um magneto que ele lhe estendia, Charbonnier trouxe-o até a altura dos meus olhos e me disse, enquanto mostrava todos os lados do aparelho cem vezes descrito pelos supliciados: "Você sabe o que é isso, não sabe? Já ouviu falar? Você até já escreveu uns artigos a respeito, não foi?".

— Os senhores estão cometendo um erro ao utilizar esses métodos. Os senhores verão. Se têm alguma coisa para me inculpar, transfiram-me para a justiça: têm 24 horas para fazer isso. E não me trate por "você", que eu não lhe dei licença.

Todos gargalharam ao meu redor.

Eu bem sabia que esses protestos não serviam para nada e que, naquelas circunstâncias, exigir que aqueles embrutecidos respeitassem a lei era ridículo, mas eu queria mostrar que não estava intimidado.

— Vamos em frente — disse Charbonnier.

Um paraquedista sentou-se em cima do meu peito: muito moreno, o lábio superior repuxado num triângulo abaixo do nariz, um largo sorriso de moleque a ponto de fazer uma traquinagem… Eu o reconheceria mais tarde, na sala do juiz, durante uma acareação. Era o sargento Jacquet. À minha esquerda, outro paraquedista (com certeza de Oran, pelo sotaque), um terceiro junto a meus pés, os oficiais ao redor; além desses, havia mais soldados na sala, sem tarefa definida, mas certamente desejosos de assistir ao espetáculo.

Sempre sorridente, Jacquet começou por passear diante dos meus olhos as pinças na ponta dos eletrodos. Pequenas pinças de aço brilhante, longas e dentadas. "Pinças-crocodilo", como dizem os trabalhadores das empresas telefônicas, que as utilizam. Ele fixou uma no lóbulo da orelha direita e a outra num dedo do mesmo lado.

Ato imediato, dei um tranco contra as tiras que me amarravam e berrei a plenos pulmões. Charbonnier tinha acabado de dar a primeira descarga elétrica no meu corpo. Uma faísca comprida cintilou perto da minha orelha, e senti no peito meu coração que disparava. Eu me contorcia aos gritos e me retesava a ponto de me ferir, enquanto os choques disparados por Charbonnier, de magneto em punho, sucediam-se sem descanso. No mesmo ritmo, Charbonnier escandia uma única pergunta, martelando as sílabas: "Quem abrigou você?".

Entre dois choques, eu me voltei para ele para dizer: "O senhor está cometendo um erro, o senhor vai se arrepender!". Furioso, Charbonnier girou com força o potenciômetro do magneto: "Dê lição de moral aí que eu dou uma lambada aqui!"; e enquanto eu continuava a gritar, ele disse a Jacquet: "Meu Deus, que garganta! Arranje uma mordaça!". Jacquet pegou minha camisa, fez uma bola, meteu-a na minha boca, e o suplício recomeçou. Eu apertei o tecido entre os dentes com todas as forças e encontrei nisso uma espécie de alívio.

De repente, tive a sensação de que um animal selvagem me mordia e me arrancava a carne aos repelões. Sempre sorridente, sem sair de cima de mim, Jacquet prendera a pinça no meu sexo. Os choques que me sacudiam eram tão fortes que as tiras que prendiam um dos tornozelos se soltaram. Pararam tudo para apertá-las de novo e seguiram adiante.

Um pouco depois, o tenente tomou o lugar de Jacquet. Tinha soltado um fio de uma das pinças e o passeava por todo o meu peito. Meu corpo era sacudido por tremores nervosos cada vez mais violentos, e a sessão se alongava. Tinham borrifado água por cima de mim a fim de reforçar a intensidade da corrente, e, entre duas "lambadas", eu tremia também por causa do frio. Ao meu redor, sentados nos sacos de campanha, Charbonnier e seus amigos tomavam uma garrafa de cerveja atrás da outra. Eu mordia a mordaça para tentar escapar da cãibra que me retorcia o corpo. Em vão.

Finalmente pararam. "Podem soltar esse aí!" A primeira "sessão" tinha terminado.

Eu me levantei, hesitante, e vesti de novo as calças e o paletó. Érulin estava à minha frente. Minha gravata estava em cima da mesa. Ele a pegou, amarrou-a como uma corda ao redor do meu pescoço e, sob riso geral, me puxou como quem puxa um cachorro até o escritório contíguo.

"Quer dizer então que não bastou? Não vamos largar você. De joelhos!" Com as manzorras, ele me esbofeteava com vontade. Caí de joelhos, mas era incapaz de me manter reto.

Oscilava ora à esquerda, ora à direita: quando não me derrubavam por terra, os golpes de Érulin restabeleciam o equilíbrio. "Então não quer falar? Você está fodido, está escutando? Você já está morto!"

"Tragam o Audin", disse Charbonnier, "ele está no outro prédio." Érulin continuava a me espancar, enquanto o outro, sentado sobre a mesa, assistia ao espetáculo. Fazia tempo que meus óculos tinham ido pelos ares. Minha miopia reforçava ainda mais a impressão de irrealidade, de pesadelo, impressão contra a qual eu tentava lutar, temendo que minha força de vontade fraquejasse.

— Vamos, Audin, conte para ele o que o espera! Quem sabe assim ele evita o horror de ontem à noite!

Era Charbonnier que falava. Érulin ergueu minha cabeça. Olhei para cima e vi o rosto pálido e estuporado do meu amigo Audin, que me contemplava, enquanto eu mesmo oscilava, sempre de joelhos.

— Vamos, conte para ele! — disse Charbonnier.

— É duro, Henri — disse Audin. Levaram-no embora.

Sem aviso, Érulin me pôs de pé. Estava fora de si. A coisa já ia demorando demais. "Escute, seu patife! Você está fodido! Agora você vai falar, está escutando? Agora você vai falar!" Mantinha o rosto rente ao meu, quase me tocando, e berrava: "Vai falar! Aqui todo mundo fala! A gente foi para a Indochina, a gente conhece vocês! Isso aqui é a Gestapo! Sabe o que é a Gestapo?". Depois, em tom irônico: "Você escreveu sobre a tortura, não foi, patife! Pois agora você vai ver o que é tortura aqui na 10ª DP". Ouvi a equipe de torturadores que ria às minhas costas. Érulin me martelava o rosto com bofetadas e o ventre com joelhadas. "Isso que a gente faz aqui, a gente vai fazer igualzinho na França. Vamos tratar o seu Duclos e o seu Mitterrand do mesmo jeito que aqui, vamos acabar com essa sua merda de República![3] E você vai falar, estou dizendo que vai falar!" Em cima da mesa, havia um pedaço de papelão duro. Ele o pegou e o usou para me bater mais. Cada golpe me abatia, ao mesmo tempo que me reforçava na minha decisão: não ceder àqueles embrutecidos que se vangloriavam de ser êmulos da Gestapo.

— Bem — disse Charbonnier —, foi você que pediu! Vamos entregar você às feras.

As "feras" eram os mesmos homens que eu já conhecia, mas que agora exibiriam toda a gama de seus talentos.

---

3 Dirigente do Partido Comunista Francês, Jacques Duclos (1896-1975) foi deputado, senador e candidato à presidência francesa em 1969. François Mitterrand (1916-1996) foi deputado, senador e ministro pelo Partido Socialista. Duas vezes derrotado nas eleições presidenciais, Mitterrand chegou à presidência em 1981, permanecendo no poder durante dois mandatos completos, até 1995. Entre 1954 e 1956, primeiro como ministro do Interior do governo Mendès France e depois como ministro da Justiça do governo Guy Mollet, participou das negociações que levaram à independência do Marrocos e da Tunísia; ao mesmo tempo, opunha-se à independência argelina, sendo contudo favorável a uma política de distensão e reforma. Nessa direção, esteve por trás de um decreto de janeiro de 1955 que subordinava a polícia argelina, suspeita de uso sistemático da tortura, à polícia parisiense, ato este que lhe valeu a duradoura inimizade de diversos políticos franceses da Argélia. Ao mesmo tempo, como ministro da Justiça, redigiu em março de 1956 o decreto que conferia autoridade judicial às Forças Armadas francesas em território argelino — e não pôs obstáculo à execução de mais de quarenta militantes argelinos condenados à guilhotina pelo tribunal militar de Argel. [N. T.]

Érulin me arrastou para a primeira sala, onde estavam a prancha e o magneto. Tive tempo de perceber um muçulmano nu que os paraquedistas levantavam aos chutes e expulsavam para o corredor. Enquanto Érulin, Charbonnier e os demais se ocupavam de mim, o resto da equipe seguira adiante com o "trabalho", usando a prancha e o magneto à disposição. Para não perder tempo, tinham "interrogado" mais um suspeito.

Lorca me prendeu à prancha: uma nova sessão de choques elétricos ia começar. "Esta aqui é a *gégène*",[4] disse ele. Nas mãos do meu torturador, vi um aparelho maior e senti dor de outro gênero. Em vez das mordidas agudas e rápidas, que pareciam rasgar meu corpo, agora eu sentia uma dor mais vasta, que penetrava a fundo em todos os meus músculos e os retorcia mais longamente. Eu me crispava sob as amarras, cerrava as mandíbulas contra a mordaça e mantinha os olhos fechados. Eles se detiveram, mas eu continuava a tremer nervosamente.

— Sabe nadar? — perguntou Lorca, inclinado por cima de mim. — Vamos ensinar. Vamos, já para a torneira!

Levantando juntos a prancha à qual eu estava preso, eles me transportaram para a cozinha. Uma vez ali, pousaram sobre a pia a extremidade em que estava a minha cabeça. Dois ou três paraquedistas seguravam a extremidade oposta. A cozinha era iluminada apenas pela luz difusa que vinha do

---

4 Apelido dado aos geradores elétricos usados nas sessões de tortura, por abreviatura de "*groupe electrogène*". Mas Gegène é também uma forma diminutiva e carinhosa do prenome Eugène, o que confere um sabor perverso à sua utilização no âmbito da tortura. O mesmo acontecia no Brasil da ditadura militar: um dos apelidos correntes das "maquininhas" de tortura por choques era "maricota". [N. T.]

corredor. Na penumbra, distingui Érulin, Charbonnier e o capitão Devis, que parecia ter assumido a direção das operações. Lorca fixou um tubo de borracha à torneira niquelada que brilhava bem acima da minha cabeça. Depois, envolveu minha cabeça num trapo, enquanto Devis lhe dizia: "Meta uma cunha na boca dele". Através do tecido, Lorca me apertava o nariz. Queria me meter um pedaço de madeira entre os lábios, de modo que eu não pudesse fechar a boca ou rejeitar o tubo.

Quando tudo estava pronto, ele me disse: "Quando quiser falar, é só mexer os dedos". E abriu a torneira. O trapo se embebeu rapidamente. A água escorria por todos os lados: para dentro da minha boca, para dentro do meu nariz, por todo o meu rosto. Mas durante algum tempo ainda consegui inspirar um pouco de ar. Eu tentava contrair a garganta para absorver o mínimo de água e resistir à asfixia, retendo o ar nos pulmões pelo maior tempo possível. Mas não pude aguentar por mais que alguns instantes. Tinha a sensação de me afogar, e uma angústia terrível, a angústia da própria morte, tomou conta de mim. Contra a minha vontade, todos os músculos do meu corpo se contraíam inutilmente para me arrancar ao sufocamento. Contra a minha vontade, os dedos das minhas duas mãos se agitaram desvairadamente. "Pronto! Agora ele vai falar", disse uma voz.

A água parou de escorrer, tiraram o trapo da minha cabeça. Respirei. Na sombra, eu via os tenentes e o capitão, de cigarro entre os lábios, que se revezavam para me socar a barriga e me fazer expelir a água que absorvera. Embriagado pelo ar que respirava, eu mal sentia os golpes. "E então?" Continuei em silêncio. "Ele está rindo da nossa cara! De novo pra água!"

Dessa vez, cerrei os punhos até fincar as unhas na palma das mãos. Estava determinado a não mexer mais os dedos. Mais valia morrer asfixiado de primeira. Eu temia aquele mesmo momento terrível em que me sentira afundar na inconsciência, ao mesmo tempo que me debatia com todas as forças para não morrer. Não voltei a mexer os dedos mas, por três vezes seguidas, vivi aquela angústia insuportável. In extremis, eles me deixavam recobrar o fôlego, enquanto me faziam expelir a água.

Na última vez, perdi os sentidos.

Quando abri os olhos, levei alguns segundos até retomar contato com a realidade. Estava estendido no chão, desamarrado e nu, no meio dos paraquedistas. Vi Charbonnier inclinado por cima de mim. "Pronto", ele disse aos outros, "ele está voltando." E dirigindo-se a mim: "Por pouco você não vai de vez! Só não ache que sempre vai dar para desmaiar... Levante!". Eles me puseram em pé. Eu titubeava, me agarrava ao uniforme dos meus próprios carrascos, prestes a desmoronar a qualquer momento. Aos tapas e aos chutes, eles me jogavam feito uma bola de um lado para outro. Esbocei um movimento de defesa. "Ele ainda tem reflexos... caramba!", disse alguém.

"E agora o que a gente faz com ele?", perguntou um outro. Em meio aos risos, ouvi dizerem: "Vamos pôr na brasa". "Ah, olhe só, isso eu nunca vi." Era Charbonnier, falando como quem vai fazer uma nova experiência.

Fui empurrado de volta à cozinha e posto em cima da bancada e da pia. Lorca envolveu meus tornozelos num trapo molhado, passou uma corda por cima e deu um nó forte. Em seguida, todos juntos me levantaram e me penduraram de cabeça para baixo na barra de ferro da coifa acima da pia. Somente meus dedos tocavam o chão. Por alguns instantes, brincaram de me balançar de um lado para outro, feito um saco de areia. Vi que Lorca acendia uma tocha de papel à altura dos meus olhos. Ele se levantou e logo senti a chama que tocava meu sexo e minhas pernas, cujos pelos se inflamavam e crepitavam. Eu me contraí com tanta força que me choquei contra Lorca. Ele recomeçou uma vez, duas vezes, e então se pôs a queimar um dos mamilos. Mas eu já não reagia muito, e os oficiais se distanciaram. Restaram apenas Lorca e um outro ao meu lado. De tanto em tanto, eles se punham de novo a me espancar ou, senão, esmagavam meus dedos com a ponta das botas, como para me recordar que continuavam ali. De olhos abertos, eu me esforçava para vigiá-los, a fim de não ser surpreendido pelos golpes, e, nos intervalos, tentava pensar em outra coisa que não fossem meus tornozelos talhados pela corda.

Enfim, vindas do corredor, duas botas caminharam na direção do meu rosto. Vi o rosto invertido de Charbonnier, que, de cócoras, me fitava: "Então, vai falar? Não mudou de ideia?". Olhei para ele e não disse nada. "Podem soltar." Lorca liberou a corda que me prendia à barra, enquanto o outro me puxava pelos braços. Caí em cima do cimento. "Levante!" Não consegui me levantar sozinho. Sustentado dos dois lados, sentia a planta dos pés tão inchada que tinha a impressão de que meus pés se afundavam numa nuvem. Vesti de novo meu paletó e minhas calças e desci por uma escada aos trambolhões.

Ao pé da escada, outro paraquedista me levantou e me segurou contra a parede com as duas mãos. Eu tremia de frio, de esgotamento nervoso, meus dentes batiam. O companheiro de Lorca — o mesmo que tinha "tratado" de mim na cozinha — tinha chegado ao andar. "Ande!", ele me disse. Me deu um empurrão e, com uma rasteira, me derrubou no chão. "Não está vendo que ele está grogue?", disse o outro, com um sotaque da França. "Deixe o sujeito em paz!" Eram as primeiras palavras humanas que eu ouvia ali. "A gente tinha é que acabar logo com esses caras, isso sim!", respondeu o meu torturador. Minhas pernas tremiam, e, para não cair, eu me apoiava com a testa e a palma das mãos na parede do corredor. Ele me fez pôr as mãos para trás, amarrou meus punhos com um cordão fino e me jogou numa cela.

De joelhos, fui avançando para um catre rente à parede. Tentei me deitar de bruços, mas o catre estava envolto em arame farpado. Atrás da porta, eu ouvi uma risada: "Esse é o que está com arame farpado!". Era sempre a mesma voz. Outra voz respondeu: "Mas no fim ele ganhou uma noite e deu tempo para os comparsas dele fugirem".

O cordão me entrava na carne, minhas mãos doíam e a posição dos meus braços me macerava os ombros. Esfreguei a ponta dos dedos contra o cimento cru, para que sangrassem e liberassem um pouco da pressão em minhas mãos inchadas, mas não consegui.

Por uma claraboia no alto da parede, eu via o céu cada vez mais claro. Ouvi um galo cantar e calculei que os paraquedistas e os oficiais, cansados da noite, não voltariam antes das nove, pelo menos; eu tinha de aproveitar esse tempo para recobrar as forças antes do próximo "interrogatório". Apoiado ora num ombro, ora no outro, eu tentava me acalmar, mas meu corpo se recusava. Eu tremia o tempo todo e não tive um momento de repouso. Chutei a porta várias vezes. Por fim, alguém veio ver o que era. "O que é?" "Quero urinar." "Mije nas calças", responderam do outro lado do tapume.

Já era dia quando um paraquedista, o mesmo que achara excessiva a brutalidade do colega, apareceu e me disse: "Vamos, estamos de mudança". Ele me ajudou a levantar e me sustentou enquanto subíamos as escadas.

Elas davam num imenso terraço. O sol já brilhava forte e, mais além do terreno do prédio, descortinava-se todo um bairro de El-Biar. Pelas descrições que eu lera, me dei conta, num lampejo, de que estava no prédio dos paraquedistas em que fora morto Ali Boumendjel, advogado junto ao Tribunal de Justiça de Argel. Foi desse terraço que ele teria pulado para "se suicidar", conforme haviam declarado os torturadores. Descemos por outra escadaria para outro lado da construção, e então meu carcereiro me trancou num quartinho escuro. Era uma cela, pouco mais que um armário, onde a luz do sol não entrava nunca. Somente uma estreita fresta, situada no alto da parede e dando para uma chaminé de aeração, deixava penetrar alguns raios. Rastejando como podia, avancei até um canto para apoiar as costas e aliviar meus ombros torcidos pela cãibra.

Pouco mais tarde, a circulação nos corredores se tornou mais intensa: o lugar se animava e eu me preparava para a volta dos meus carrascos. Mas Érulin veio sozinho. Me segurou pelos ombros para me ajudar a ficar de pé e me conduziu para fora. "É este aqui, meu comandante", disse ele. Diante de mim estava um comandante paraquedista em uniforme de camuflagem e boina azul. Era alto, cansado, muito magro.

Com um ar suave e irônico, ele me disse: "O senhor é jornalista, não é? Então entende por que queremos informações. O senhor vai ter de informar". Ele queria apenas me conhecer: fui devolvido ao armário. Não fiquei muito tempo sozinho, pois, alguns momentos mais tarde, Érulin reaparecia, acompanhado de Charbonnier e de um soldado que carregava o magneto. Da soleira, eles olhavam para mim: "Ainda não quer falar? Você sabe que nós vamos até o final". Eu estava encostado à parede diante da porta. Eles entraram, ligaram a luz e se instalaram em semicírculo ao meu redor.

— Vou precisar de uma mordaça — disse Charbonnier. Meteu a mão num dos sacos de campanha que havia ali e puxou um lenço encardido.

— Não se preocupe — disse Érulin. — Ele pode gritar quanto quiser, estamos no terceiro subsolo.

— Mesmo assim — respondeu Charbonnier. — É desagradável.

Eles abriram a braguilha das minhas calças, baixaram a cueca e prenderam um eletrodo em cada lado da virilha. Eles se revezavam para girar a manivela do magneto — uma *gégène* das grandes. Eu só gritava no começo do choque e a cada "lambada" da corrente, e meus movimentos eram bem menos violentos que durante as primeiras sessões. Eles provavelmente já esperavam por isso, pois nem se deram ao trabalho de me amarrar à prancha. Enquanto o suplício seguia adiante, eu escutava um alto-falante que berrava canções da moda. Talvez a música viesse de um refeitório ou salão bem perto dali; ela cobria com sobra os meus gritos, e era esse arranjo que Érulin batizara de "terceiro subsolo". A sessão de tortura se prolongava, e eu me esgotava. Caía ora para a direita, ora para a esquerda. Então, um dos dois tenentes soltava uma das pinças e me picava o rosto até que eu me reerguesse. "Palavra de honra", disse Charbonnier, "esse aí gosta da coisa." Nessa altura, devem ter se consultado e decidido que eu precisava me recuperar. "Deixe tudo montado", disse Érulin, "daqui a pouco a gente volta." Eles me deixaram com as pinças na carne e saíram.

Devo ter adormecido de uma vez, pois quando voltei a vê-los, tive a impressão de que um instante apenas se passara. E, a partir desse momento, perdi toda noção do tempo.

Érulin foi o primeiro a entrar no quarto, dando um chute enquanto dizia: "Sentado!". Não me mexi. Ele me agarrou e me encostou num dos cantos. Um instante depois, eu voltava a me retorcer sob o efeito da corrente elétrica. Sentia que minha resistência tornava-os mais brutais e nervosos.

— Vamos meter na boca — disse Érulin. — Abra a boca! — comandou ele.

A fim de me forçar a obedecer, ele me apertou o nariz e, quando abri a boca para respirar, ele meteu um fio desencapado bem fundo, até o fundo do palato, enquanto Charbonnier ativava o magneto. Eu sentia que a intensidade da corrente crescia e que aos poucos a garganta, as mandíbulas, todos os músculos do rosto, mesmo as pálpebras, se contraíam numa crispação cada vez mais dolorosa.

Agora era Charbonnier que segurava o fio. "Pode largar", disse Érulin, "agora não solta mais." De fato, a corrente soldava minhas mandíbulas ao eletrodo, era impossível soltar os dentes, por mais esforço que eu fizesse. Sob minhas pálpebras crispadas, minha vista era atravessada por imagens de fogo, desenhos geométricos luminosos, e eu tinha a sensação de que meus olhos eram arrancados das órbitas aos repelões, como que empurrados de dentro. A corrente chegara ao limite máximo e, com ela, também a minha dor. Ela parecia como que uniforme, e pensei que eles não teriam como me fazer nada de pior. Então ouvi Érulin dizer a quem acionava o magneto: "Um soquinho atrás do outro: primeiro você diminui, depois você aumenta...". Senti a intensidade diminuir, a cãibra que enrijecia meu corpo amainou, e de repente, quando o outro pôs o magneto no máximo, a corrente esquartejou meu corpo de novo. Para escapar a essas quedas bruscas e a essas voltas agudas ao ápice do suplício, comecei a bater com a cabeça contra o chão, com toda a força que tinha, e cada golpe me proporcionava um alívio. Érulin, bem perto da minha orelha, gritava: "Não tente desmaiar, que você não vai conseguir!".

Por fim, eles pararam. Diante dos meus olhos ainda se agitavam os traços e os pontos de luz, e em minha orelha ressoava o barulho de uma broca de dentista.

Um instante depois, eu os distingui em pé, diante de mim. "E então?", perguntou Charbonnier. Não respondi nada.

— Meu Deus! — disse Érulin. E me deu uma bofetada com a mão solta.

— Escute — disse Charbonnier, mais calmo —, para que tudo isso? Você não quer dizer nada, então vamos atrás da sua mulher. Você acha que ela aguenta?

Por sua vez, Érulin inclinou-se para mim:

— Você acha que os seus moleques estão a salvo só porque estão na França? A gente traz todo mundo para cá na hora que quiser.

Em meio a esse pesadelo, eu tinha dificuldade para distinguir as chantagens gratuitas das ameaças que era preciso levar a sério. Mas sabia que eram capazes de torturar

Gilberte, como tinham feito com Gabrielle Gimenez, Blanche Moine, Élyette Loup e outras moças. Soube mais tarde que tinham torturado até mesmo a sra. Touri, mulher de um ator bem conhecido da Rádio Argel, diante do marido, para que este falasse. Temia que eles adivinhassem a angústia que se apossava de mim à ideia de que poderiam efetivamente levar a cabo aquelas ameaças, e foi quase com alívio que ouvi um deles dizer: "Ele não quer nem saber, ele não quer saber de nada".

Foram embora, mas eu já não conseguia me livrar da ideia de que Gilberte poderia a qualquer momento ser amarrada à prancha dos suplícios.

Charbonnier voltou pouco depois com outro paraquedista. Voltaram a me conectar ao magneto e depois saíram. Eu tinha a impressão de que iam e vinham o tempo todo, deixando-me apenas alguns instantes de descanso para que me recuperasse. Mesmo agora posso ver Charbonnier passeando o fio desencapado sobre o meu peito e escandindo sem parar a pergunta: "On-de vo-cê pas-sou a noi-te an-tes de ser de-ti-do?". Puseram diante dos meus olhos uma foto de um dirigente do Partido ainda à solta: "Onde ele está?". Eu olhei para Charbonnier, dessa vez acompanhado por Érulin. Estava à paisana, muito elegante. Como eu pigarreasse, ele se afastou: "Cuidado", disse Charbonnier, "ele vai cuspir".

— E daí? — perguntou o outro.

— Eu não gosto, não é higiênico.

Estava apressado, tinha medo de se sujar. Levantou-se e se preparou para sair. Pensei que estava a caminho de uma noitada e que, portanto, pelo menos mais um dia se passara desde a minha detenção. E de repente fiquei feliz diante da ideia de que aqueles embrutecidos não tivessem me vencido.

Érulin saiu também, mas não fiquei só por muito tempo. Empurraram um muçulmano para dentro da cela escura. A porta aberta por um instante deixou passar um pouco de luz. Pude entrever sua silhueta: era jovem, vestido corretamente, levava algemas nos punhos. Avançou tateando e se acomodou ao meu lado. De tanto em tanto, eu era sacudido por tremores e sobressaltos, gemendo como se a tortura elétrica ainda me perseguisse. Ele viu que eu tiritava e puxou meu paletó para cobrir meus ombros nus. Depois me sustentou para que eu conseguisse me ajoelhar e urinar contra a parede. Por fim, me ajudou a me deitar. "Descanse, irmão, descanse", disse ele. Resolvi dizer a ele: "Meu nome é Alleg, sou o antigo diretor do *Alger Républicain*. Se puder, conte lá fora que eu morri aqui". Mas era preciso um esforço para dizer tudo isso, e não tive tempo. A porta se abriu bruscamente e ouvi alguém dizer do corredor: "Por que foram meter esse sujeito aqui?". Levaram-no para fora.

Um pouco mais tarde, voltaram a entrar. Dois paraquedistas. Apontaram uma lanterna elétrica para o meu rosto. Fiquei à espera das pancadas, mas eles não me tocaram. Eu tentava em vão distinguir quem eram eles, mas ouvi apenas uma voz jovem que dizia: "É horrível, não é?", e uma outra que respondia: "É, é horrível". E foram embora.

Por fim, ligaram a luz sem aviso. Eram dois homens da equipe de Érulin. "Ainda não disse nada?" "Não esquente, em cinco minutos ele começa a falar." "Ah, você contou aquela ideia para o tenente?" "Contei." Compreendi que passaria por novos suplícios.

Érulin chegou por trás deles. Inclinou-se por cima de mim, me ergueu e me encostou na parede. Abriu meu paletó e se instalou na minha frente, usando as pernas para manter as minhas próprias pernas bem abertas. Tirou uma caixa de fósforos de um bolso do uniforme, riscou um e o passou lentamente diante dos meus olhos, para ver se eu seguia a chama e se tinha medo. Depois, sempre com os fósforos, pôs-se a queimar um mamilo, depois o outro. "Vamos, comece aí!" Dirigia-se a um dos assistentes. Este punha fogo em tochas de papel preparadas de antemão e as passava pela planta dos meus pés. Eu não me mexia mais e não articulei nem um grito: tinha me tornado completamente insensível e olhava sem piscar para Érulin enquanto ele me queimava. Furioso, ele me dava socos no ventre e berrava: "Você está fodido. Fodido. Está entendendo? Não vai falar? Ou fala ou vai se foder! Quer que eu acabe já com você, não quer? Mas não acabou. Sabe o que é sede? Pois vai morrer de sede!".

A corrente elétrica havia secado minha língua, meus lábios, minha garganta, rugosos e duros feito madeira. Érulin devia saber que o suplício elétrico dá uma sede insuportável. Tinha largado os fósforos e segurava nas mãos um copo e um recipiente de zinco. "Faz dois dias que você não bebe. São mais quatro até morrer. Quatro dias, é muita coisa! Você vai lamber o próprio mijo." Ele deixava escorrer um filete de água dentro do copo, à altura dos meus olhos e bem perto da minha orelha, enquanto repetia: "É falar e beber... É falar e beber". Com a beira do copo, ele me entreabria os lábios. Não havia nele mais que um dedo de líquido, e eu via a água fresca que se agitava no fundo, sem que eu pudesse beber uma gota que fosse. Colado ao meu rosto, Érulin ria dos meus esforços inúteis e extenuantes. "Chamem os rapazes para ver o castigo de Tântalo", ele zombou. Outros paraquedistas surgiram na moldura da porta, e apesar da degradação em que eu me debatia, ergui a cabeça e me recusei a olhar para a água, para não oferecer àqueles embrutecidos o espetáculo do meu sofrimento.

— Ah, a gente não é tão malvado assim. Vamos lhe dar um pouquinho — e Érulin levou um copo transbordante aos meus lábios.

Hesitei um momento; então, me apertando o nariz e empurrando minha cabeça para trás, ele verteu o conteúdo do copo na minha boca: era uma água atroz de tão salgada.

Houve uma nova interrupção, de minutos ou de horas, e foi a vez de Devis, o capitão, aparecer. Junto com ele, Lorca, Érulin e o paraquedista alto que havia participado das sessões de quarta-feira. Encostaram-me contra a parede e Lorca prendeu as pinças numa orelha e num dedo. A cada choque, eu tinha um sobressalto, mas não gritava, já quase tão insensível quanto um boneco mecânico. Devis fez sinal que parassem.

Sentado sobre um saco de campanha, quase à minha altura, ele fumava e falava com uma voz muito suave, que contrastava com o tom dos outros, com os berros que ainda me ressoavam nos ouvidos. Dissertava sobre assuntos aparentemente sem importância e sem relação com as perguntas com que me martelavam a cabeça desde o início. Entre outras coisas, ele me perguntava se muitos jornais eram membros da Federação da Imprensa. Eu lhe teria respondido, certamente, mas só com muito esforço conseguia mexer meus lábios secos e endurecidos; da minha garganta saía apenas um sopro sem som. Penosamente, eu tentava articular alguns títulos, enquanto ele emendava, como se a nova questão decorresse das anteriores: "E Audin, é um bom camarada, não é?". Foi como um sinal de alerta: compreendi que, pouco a pouco, quase insensivelmente, ele queria me fazer falar do que lhe interessava. Em meio ao abatimento em que me haviam mergulhado as torturas e os espancamentos, uma única ideia seguia clara para mim: não lhes dizer nada, não ajudá-los em nada. Não abri mais a boca.

Na mesma hora, Devis perdeu a calma: levantou-se e começou a me bater no rosto com as duas mãos. Minha cabeça oscilava de um lado para outro, ao ritmo das bofetadas, mas eu estava completamente insensível, a tal ponto que nem fechava mais os olhos quando as mãos dele se abatiam sobre mim. Parou um instante para mandar que trouxessem água. "Já tentamos, meu capitão", disse Érulin. Mesmo assim, Devis pegou o cantil e o copo que lhe estendiam. À maneira do tenente, logo antes, ele se pôs a verter água de um recipiente para outro, bem à altura dos meus olhos, levou o copo até meus lábios sem me deixar tocar a água e então, desanimado pela minha falta de reação, pois eu não fazia nenhum esforço para beber, pôs o copo no chão. Eu caí para o lado. Com a queda, derrubei o copo. "Tem que secar direito", disse Érulin, "se não ele lambe."

Como Devis se afastasse, Érulin assumiu e, com sua voz aguda, começou a berrar, inclinado sobre mim: "Você está fodido. É a sua última chance. É a última. É por isso que o capitão veio". Outro paraquedista, que entrara com Lorca, sentou-se no chão, com as pernas cruzadas. Tinha tirado a pistola do coldre e, silencioso, examinava-a ostensivamente, para verificar se tudo estava no lugar, para então depositá-la sobre os joelhos, como quem espera uma ordem. Lorca tinha me "ligado" de novo e acionava o magneto aos solavancos, mas sem convicção. Eu tinha um sobressalto a cada novo choque; mas, na verdade, temia outra coisa. Eu julgava distinguir, largada no chão junto à parede, uma pinça enorme, envolta em tirinhas de papel, e tentava imaginar quais novos suplícios me esperavam. Pensei que talvez quisessem me arrancar as unhas com aquele instrumento: fiquei surpreso por não sentir medo e quase me confortei com a ideia de que minhas mãos tinham apenas dez unhas. Depois que eles desligaram a luz e fecharam a porta, rastejei até a parede e me dei conta de que a pinça não era mais que um cano que saía da alvenaria.

Era cada vez mais difícil pensar sem que a febre me levasse para longe da realidade, mas eu tinha consciência de que eles não poderiam ir mais longe. Fragmentos de velhas conversas me cruzavam a mente: "O organismo não aguenta indefinidamente: chega a hora em que o coração cede". Assim morrera nosso jovem camarada Djegri, dois meses antes, num calabouço da Villa Sesini, domínio dos "boinas verdes" do capitão Faulques.

Quando, um bom momento depois, a porta se abriu novamente, vi entrar Érulin, acompanhado de dois oficiais que eu não tinha visto antes. Na escuridão, um deles se acocorou perto de mim e me pôs a mão no ombro, como para inspirar confiança: "Eu sou o ajudante de ordens do general Massu".[5] Era o tenente Mazza. "Sinto muito por vê-lo neste

---

5 O general Jacques Massu (1908-2002) fez o essencial de sua carreira nas colônias africanas da França. Depois de participar da Resistência na África do Norte, foi enviado à Indochina, onde combateu o Vietminh com êxito e brutalidade. Comandante das forças francesas durante a Batalha

estado. O senhor tem 36 anos, é jovem demais para morrer." Voltou-se para os outros dois e pediu que saíssem. "Ele quer falar a sós comigo", explicou. Uma vez fechada a porta, éramos só os dois ali.

— O senhor tem medo que saibam que o senhor falou? Ninguém saberá de nada e nós o tomaremos sob nossa proteção. Conte tudo o que o senhor sabe e eu mando levá-lo imediatamente à enfermaria. Em oito dias, o senhor estará na França com a sua mulher, tem a nossa palavra. Caso contrário, o senhor vai desaparecer.

Ele esperava uma resposta. Respondi com as únicas palavras que me vieram ao espírito: "Pouco importa!".

— O senhor tem filhos, não tem? — retomou ele. — Posso ir vê-los depois; o senhor quer que eu conte que conheci o pai deles…? E então? O senhor não quer falar? Se o senhor me deixar sair daqui, eles voltam. E não vão parar mais.

Continuei em silêncio. Ele se levantou, mas antes de sair acrescentou:

— Só lhe resta cometer suicídio.

Eu ouvi que trocava algumas palavras com os outros, que o esperavam no corredor:

de Argel, foi na sequência promovido a general e convertido em máxima autoridade do Estado para toda a região da capital argelina. Em janeiro de 1960, após criticar em uma entrevista o governo do general De Gaulle, foi demitido de suas funções civis e transferido para a França metropolitana, o que gerou uma série de violentas manifestações anti-independência — a assim chamada Semana das Barricadas (entre 24 de janeiro e 1º de fevereiro de 1960). Um dos principais envolvidos no levante, Pierre Lagaillarde, viria a ser uma das figuras centrais na fundação da OAS, Organização do Exército Secreto, que se oporia com violência a todo diálogo com o movimento independentista. [N. T.]

— Faz dez, quinze anos que esses aí encasquetaram que não podem falar nada se forem presos, e não há quem tire isso da cabeça deles.

Pressenti que chegava ao fim de uma etapa: de fato, poucos instantes depois, dois paraquedistas entravam na cela. Soltaram minhas mãos, me ajudaram a ficar de pé e depois me acompanharam, segurando-me pelos braços, até um terraço. A cada dois, três degraus, eles paravam para que eu recobrasse o fôlego. De passagem, cruzando conosco na escadaria, outros paraquedistas achacavam: "Tem que carregar esse aí? Não anda mais sozinho, não?". "É que ele levou doze horas de enfiada", respondeu um dos meus guias, como para se desculpar. Descemos finalmente para o outro prédio.

Entramos numa cela no fundo de um corredor, à esquerda: era um banheiro ainda pela metade. Um dos paraquedistas me pegou pelas pernas, o outro me segurou por baixo dos braços, e os dois me deitaram num catre rente à parede. Os dois se perguntavam se era o caso de me algemar. "Ele mal se mexe, não precisa." O segundo não estava de acordo: "A gente vai acabar se arrependendo". Acabaram por me pôr as algemas, mas com as mãos para a frente, e não para trás. Foi um alívio extraordinário para mim.

No alto da parede, à direita, uma claraboia protegida por arame farpado deixava passar alguma coisa das luzes da cidade, que iluminavam vagamente o recinto. Era noite. Fios de gesso tinham escorrido do teto para as paredes de cimento bruto, e minha febre enxergava neles umas formas vivas que, mal entrevistas, logo tornavam a se embaralhar. Apesar do meu esgotamento, não consegui dormir: era sacudido por tremores nervosos, meus olhos se cansavam por conta de uns clarões doloridos. No corredor, alguém falava de mim: "Dê de beber a ele, um pouquinho só, não muito, de hora em hora, senão ele pifa".

Um dos paraquedistas que tinham me acompanhado, um rapaz com sotaque francês, entrou com um cobertor e o estendeu por cima de mim. Ele me deu de beber; muito pouco, mas eu não sentia mais sede. "Você não quer nem saber da proposta do general Massu?", disse ele. A voz não era hostil. "Por que você não quer dizer nada? Não quer trair os seus amigos? Tem que ser corajoso para resistir assim." Perguntei a ele em que dia estávamos: era sexta-feira à noite, e eles tinham começado a me torturar na quarta-feira.

No corredor havia um barulho incessante de passos e chamados, volta e meia atravessado pela voz esganiçada de Érulin, que dava ordens. E então, bruscamente, ouvi gritos terríveis, bem perto, talvez na sala logo em frente. Estavam torturando alguém. Uma mulher. E julguei reconhecer a voz de Gilberte. Só pude saber que estava equivocado alguns dias mais tarde.

Continuaram com as torturas até o amanhecer ou quase isso. Através do tapume, eu escutava os berros e os gemidos abafados pela mordaça, os palavrões e os golpes. Logo saberia que aquela não era uma noite excepcional, apenas a rotina da casa. Os gritos de dor faziam parte dos barulhos familiares no "centro de triagem", os paraquedistas já nem faziam caso, mas duvido que haja um único prisioneiro que não tenha, como eu, chorado de raiva e de humilhação ao ouvir pela primeira vez os gritos dos supliciados.

Eu estava semiconsciente. Só consegui adormecer de verdade pela manhã, e só despertei muito tarde, quando o paraquedista da véspera me trouxe uma sopa quente: minha primeira refeição desde quarta-feira. Engoli com dificuldade algumas colheradas: meus lábios, minha língua, meu palato ainda estavam irritados com as esfoladuras dos fios elétricos.

Outras feridas e queimaduras — na virilha, no peito, nos dedos — tinham infeccionado. O paraquedista tirou as algemas, e então percebi que não conseguia mexer a mão esquerda, hirta e insensível. Meu ombro direito estava dolorido e não permitia que eu levantasse o braço.

Foi à tarde que tornei a ver meus carrascos. Eles pareciam ter combinado um encontro na minha cela. Estavam todos ali: soldados, oficiais e dois civis (provavelmente da DST[6]) que eu não vira antes. Começaram a conversar entre eles, como se eu não estivesse presente.

— Então, ele não quer falar? — disse um dos civis.

— Temos todo o tempo do mundo — disse o comandante —, eles são todos assim no começo: vamos precisar de um mês, dois meses, três meses, mas no fim ele vai falar.

— Esse é da família do Akkache ou da Élyette Loup — retrucou o primeiro. — O que ele quer é virar "herói", ganhar uma plaquinha numa parede daqui a uns séculos.

Todos riram da troça.

Virando-se para mim, ele disse:

— Deram um belo trato em você.

— A culpa é dele — disse Charbonnier.

— Ele não quer saber de nada — disse Érulin —, nem da mulher, nem dos moleques; ele gosta mais do Partido.

Érulin pisava em mim com um dos coturnos; então acrescentou, como quem de repente se lembra de uma coisa:

---

6 A Direction de la Surveillance du Territoire (ou Serviço de Vigilância do Território) foi o braço de contraespionagem da Polícia Nacional francesa de sua criação em 1934 até sua fusão a outros serviços em 2008. [N. T.]

"Você está sabendo que os seus moleques chegam hoje à noite, de avião? Vão sofrer um acidente". Começaram a ir embora, mas Devis e Charbonnier, que tinham notado que eu hesitava em levar a sério aquela chantagem, demoraram-se junto à soleira da porta:

— Você não quer mesmo saber dos seus filhos? — perguntou o tenente.

Ficaram um momento em silêncio, e Charbonnier concluiu:

— Bom, se é assim, você vai morrer.

— Vão saber como eu morri — respondi.

— Não, ninguém vai saber nada.

— Vão, sim — tornei a responder. — Tudo sempre vem à luz.

Ele voltaria no dia seguinte, domingo, acompanhado de Érulin, por um momento apenas. Os dois estavam sorridentes. "Não mudou de ideia, não é?", disse Charbonnier. "Só está arranjando mais encrenca para você. Temos meios científicos", ele sublinhava o adjetivo, "para fazer você falar."

Quando foram embora, bati à porta e pedi que me levantassem. Sustentado por um paraquedista, apoiando-me na parede, fui até a cozinha e passei um pouco de água no rosto. Quando voltava a me deitar, outro paraquedista — aquele mesmo europeu da Argélia que fazia parte da equipe de Lorca — passou a cabeça pela porta entreaberta e me perguntou, com ar sarcástico: "E aí, está melhor?". Eu respondi no mesmo tom: "Sim, estou sim, logo mais vocês já podem recomeçar". Eu queria que ele soltasse a língua e me deixasse adivinhar o que estavam preparando para mim e quais eram os tais meios "científicos". Mas se limitou a responder raivosamente: "Tem razão, não terminou, ainda vamos acabar com você".

Foi na tarde de segunda-feira que Érulin veio me despertar. Dois paraquedistas me ajudaram a ficar de pé e descemos os quatro juntos. A enfermaria ficava um andar abaixo: um salão grande, com muitas vidraças, algumas camas de campanha e uma mesa sobrecarregada de medicamentos em desordem. Não havia ali, por ora, ninguém senão um capitão-médico, que parecia estar à minha espera. Era bem jovem, magro, de barba negra e malfeita, o uniforme amarrotado. Com um sotaque do Sul da França, ele me disse, à guisa de saudação:

— O senhor está com medo?

— Não — respondi.

— Não vou bater no senhor e prometo não machucá-lo.

Deitaram-me numa das camas de campanha. Inclinado sobre mim, ele me tirou a pressão e auscultou com o estetoscópio. "Vamos em frente. Só um pouco nervoso", disse ele a Érulin. Fiquei constrangido por ele ter discernido minha comoção nas batidas do meu coração. Todos aqueles preparativos confirmavam o que eu adivinhava. Iam experimentar em mim o "soro da verdade". Eram esses os "meios científicos" de que falara Charbonnier.

Desde a véspera, eu me esforçava por reunir tudo o que lembrava do que, ao sabor do acaso, lera nos jornais sobre os efeitos do pentotal. "Se a determinação do sujeito é forte o bastante, não há como forçá-lo a dizer o que ele não quer dizer." Guardara para mim essa conclusão, que repetia em meu íntimo a fim de manter a calma e a confiança. De nada serviria eu me debater: eles me amarrariam, e mais valia guardar toda a minha energia para resistir da melhor maneira possível à droga.

Esperamos um instante até que chegasse o enfermeiro. Devia estar voltando de uma operação ou patrulha, pois estava em uniforme de campanha e teve de se livrar da metralhadora e do equipamento antes de escutar as explicações do médico: "No começo, só cinco centímetros cúbicos, pois há corpos que resistem". Ele se referia às intolerâncias de certos organismos aos narcóticos, mas na hora pensei que falava da resistência psicológica e decidi que tentaria dar a impressão de não "resistir". Pensei que talvez fosse a melhor maneira de receber apenas a dose mínima do tal "soro".

Eu tremia de frio e de nervosismo: estava de torso nu, pois não tinham devolvido minha camisa, que devia ter caído no gosto de alguém. Um dos paraquedistas me jogou um cobertor por cima do corpo, e o enfermeiro aproximou-se. Segurou meu braço direito, prendeu a veia com uma tira de borracha e enfiou a agulha. Por baixo do cobertor, deslizei minha mão esquerda, rígida e insensível, para dentro de um bolso das calças, e apertava-a contra a coxa através do tecido, enquanto me forçava a acreditar que, enquanto sentisse aquele contato, saberia que aquilo não era um sonho e não baixaria a guarda. O enfermeiro empurrava o êmbolo muito devagar, e o líquido devia fluir gota a gota para o meu sangue. "Conte devagar", disse o médico, "vamos!"

Contei: "Um, dois, três...", até dez, e parei como se tivesse adormecido. Sentia um torpor gélido na base da nuca, um torpor que subia para o cérebro e que me empurrava para a inconsciência. "Onze, doze, treze", disse o médico, para me testar, "continue!" Retomei a conta: "Catorze... quinze... dezesseis...". Saltei dois ou três números, deliberadamente, voltei a contar no dezenove, vinte, 21, e então me calei. Ouvi o médico dizer: "Agora no outro braço". Por baixo do cobertor, movi lentamente minha mão direita para metê-la no outro bolso, sempre apostando que, enquanto minhas unhas pudessem beliscar minha carne, eu seguiria com as amarras bem presas à realidade. Mas, apesar dos meus esforços, adormeci...

O médico me dava tapinhas nas faces. Quase sussurrando, com uma voz que ele queria tornar amistosa, ele dizia: "Henri! Henri! Sou eu, Marcel. Você está bem?". Abri os olhos. Lentamente, com muito esforço, eu recobrava a consciência do que estava acontecendo. Estava escuro, tinham fechado os batentes. Ao meu redor, sentados nos leitos de campanha, paraquedistas e oficiais — os que eu conhecia e outros mais, certamente convidados a assistir à experiência — escutavam em silêncio. Vi que o médico tinha em mãos uma folha de papel e intuí que era a lista das perguntas que devia me fazer.

No tom familiar de quem reencontra um velho amigo, ele começou perguntando: "Você trabalhou muito tempo no *Alger Républicain*?". A pergunta era inofensiva: com certeza ele tentava ganhar minha confiança. Ouvi a mim mesmo que respondia com uma volubilidade extraordinária: dei detalhes sobre as dificuldades de produção do jornal e depois passei à constituição de uma equipe de jornalistas. Era como se eu estive bêbado, como se alguém mais falasse em meu lugar, mas eu ainda estava consciente o bastante para lembrar que estava entre os meus carrascos, que tentavam me fazer denunciar meus camaradas.

Mas tudo isso não era mais que uma introdução. O médico sussurrou para o assistente: "Funciona, está vendo; é assim que é preciso fazer". Ele me interrompeu no meio das minhas explicações e me disse a meia-voz: "Henri, me disseram que falasse com você para ver X... Como eu faço?". Sob o disfarce "amistoso", era a mesma pergunta que tinham me feito vinte vezes enquanto me torturavam. Mil imagens desfilavam pela minha cabeça ébria: estava na rua, num apartamento, numa praça, sempre com esse "Marcel" que me perseguia e me importunava com suas perguntas. Eu fazia um esforço e, levantando as pálpebras, voltava a tomar pé na realidade, apenas para tornar a mergulhar na semiconsciência anterior. O médico me sacudiu de leve para que eu lhe respondesse:

— Onde está X...? — então começamos um diálogo de loucos.

— Estou surpreso que tenham mandado você falar comigo. Eu não sei onde ele está.

— Quando ele quer ver você, como é que ele faz?

— Ele não precisa me ver, não tenho nada que fazer com ele.

— Sim, claro, mas se ele quisesse te ver, como faria?

— Deixaria um recado na minha caixa postal, quem sabe. Mas ele não precisa me ver.

Eu me debatia nesse diálogo pegajoso, ainda consciente o bastante, apesar da droga, para resistir àqueles brutos.

— Escute — continuou ele —, arranjei um esconderijo para X..., eu preciso absolutamente falar com ele; se vocês se encontrarem, você pode me pôr em contato com ele?

— Não posso prometer nada — disse eu. — Eu ficaria surpreso se ele me chamasse para um encontro.

— Bem, mas se por acaso ele vier, como faço para falar com você?

— Onde você mora? — perguntei eu.

— Rue Michelet, número 26, terceiro andar, à direita. Mande chamar Marcel.

— Está bem, vou me lembrar do endereço.

— Não, assim não. É melhor eu lhe dar o meu endereço e você me dar o seu, pode confiar.

— Olhe — voltei a dizer —, se você quiser, nós podemos nos encontrar na parada do Parc de Galland daqui a quinze dias, às seis da tarde. Agora eu vou embora, não gosto de ficar à toa na rua.

— Você mora para os lados do Parc de Galland? Me dê o seu endereço — repetiu ele.

Eu estava esgotado e queria terminar com aquilo, mesmo que grosseiramente:

— Você me tira a paciência — disse eu —, até logo.

— Até mais — respondeu ele.

Ele esperou um instante, talvez para estar seguro de que eu estava bem adormecido, e escutei-o dizer a alguém mais, bem perto de mim: "Não vamos arrancar mais nada". Depois ouvi que todos se levantavam e se dirigiam para a saída, como depois de um espetáculo teatral. Um deles, ao passar, acendeu a luz, e recobrei toda consciência de um só golpe. Estavam perto da porta, uns já do lado de fora, outros ainda no salão, como Érulin e Charbonnier, que me fixavam com os olhos. Comecei a gritar com todas as minhas forças: "Podem voltar com o choque, voltem que eu estou esperando: eu não tenho medo de vocês!". O médico, que ia saindo com uma maletinha à mão, fez sinal para que não respondessem. Antes de sair de vez, disse ao enfermeiro: "É capaz que ele fique meio confuso agora, pode dar uns comprimidos".

Antes que os dois paraquedistas que tinham me trazido me levassem embora, o enfermeiro tratou das minhas feridas e cobriu as queimaduras que eu tinha na virilha e no peito com curativos adesivos. Por fim, os dois paraquedistas me ajudaram a subir de volta para a minha cela. Uma vez lá, um deles tirou dois comprimidos do bolso e me disse: "Engula isso!". Peguei os comprimidos, deslizei-os para baixo da língua, bebi um gole d'água e disse: "Pronto!". Assim que a porta se fechou de novo, eu os cuspi. Talvez fossem meros comprimidos de aspirina, mas eu não conseguia mais pensar direito e me sentia invadido por uma desconfiança aguda diante de tudo. Eu me perguntava, sobretudo, se aquele não era mais que o começo do "tratamento". Sentia que não estava em meu estado normal: meu coração, minhas têmporas latejavam febrilmente. Tinha um encontro com "Marcel": essa quimera do pentotal adquiria consistência de carne e osso. Tinha conseguido não responder a suas perguntas, mas como me livrar dele na próxima vez? Sentia que estava delirando. Eu me esbofeteava, me beliscava para ter certeza de que aquilo não era um sonho. Mas retomava pé na realidade apenas para imediatamente voltar aos temores que a droga suscitava em mim.

"Vamos, estamos de mudança!" Eram os meus dois guias da enfermaria. Devia ser muito tarde, talvez onze horas da noite, e conforme subíamos para o último andar, pensei que iriam me "suicidar". No estado em que me encontrava, esse pensamento não me causava maiores comoções: "Não falei sob tortura, o soro não funcionou, é o fim". Mas tornamos a descer rumo ao segundo prédio, e os dois me abriram a porta de uma cela (o armário) que eu já conhecia. Tinham feito uma faxina e instalado um leito de campanha e um colchão.

Assim que os dois foram embora, as mesmas ideias, difusas durante esse entreato, voltaram a me assediar.

Eu me perguntava se não estava enlouquecendo. Se continuassem a me drogar, eu ainda seria capaz de resistir como na primeira vez? E se o pentotal me fizesse dizer o que não queria contar, minha resistência à tortura não teria valido de nada.

A porta do armário à direita estava aberta e dentro havia um rolo de fio de latão. A claraboia aberta deixava solto o gancho de fechar. Eu poderia prender ali uma ponta do fio de latão, subir na cama de campanha e em seguida chutá-la para longe. Mas então me revoltei diante da ideia do suicídio. Julgariam, depois da minha morte, que fora levado a tanto por medo aos suplícios. De resto, eu me perguntava se aquelas "facilidades" não estavam ali de caso pensado; voltava ao meu espírito a frase do ajudante de ordens do general Massu: "Só lhe resta cometer suicídio". E no exato instante em que decidia que não me mataria e que, se devia morrer, mais valia que fosse sob a violência dos paraquedistas, eu me perguntava se não era o medo da morte próxima que me fazia encontrar aqueles "argumentos". Se era para morrer, não seria melhor morrer imediatamente e sem correr o risco de ajudar os carrascos? Eu tentava raciocinar com a maior calma possível e concluí que, feitas as contas, eles não voltariam a me "tratar" antes da manhã seguinte e que, portanto, ainda tinha tempo suficiente para me matar, caso isso fosse necessário. Também percebia que não estava em um estado normal e que precisava de repouso para refletir com mais clareza.

Dormi até a manhã seguinte. A noite pusera fim à febre e aos meus temores da véspera. Agora eu me sentia orgulhoso e feliz de não ter cedido. Tinha certeza de que era capaz de aguentar mais uma vez o tranco, caso eles recomeçassem; que lutaria até o fim; e que não facilitaria as coisas para eles, cometendo suicídio ali.

Ali pelo meio da tarde, fui levado de volta à minha primeira cela, no outro prédio, mas não fiquei muito tempo ali. À noite, refiz o caminho na direção contrária e voltei ao "armário", onde passei uma segunda noite. Fragmentos de conversas capturados no corredor me deram a explicação para essas ordens e contraordens: estavam à espera da visita de uma comissão (sabe-se lá qual),[7] e não queriam que eu fosse visto. Por isso fui "camuflado" no segundo prédio, que, em princípio, não dependia do "centro de triagem" e servia apenas de rancho e alojamento dos paraquedistas.

Eu me sentia melhor e conseguia me levantar e me manter em pé. Notava, pela atitude diferente dos paraquedistas em relação a mim, que deviam ter certo apreço de "conhecedores" pela minha recusa a falar. Mesmo o paraquedista alto da equipe de Lorca mudara de tom. Certa manhã, entrou na cela e me disse:

— O senhor já foi torturado durante a Resistência?

— Não, é a primeira vez — respondi.

---

7 Tratava-se, afinal, da Comissão de Salvaguarda, representada pelo general Zeller. [Nota da edição francesa.]

— Muito bem — disse ele, em tom de entendido —, o senhor é dos duros.

À noite, outro paraquedista, que eu não conhecia, entrou por sua vez. Era um loiro baixinho, com um sotaque marcado do Norte da França: um conscrito. "O senhor sabe, eu assisti a tudo, viu? Meu pai me falou dos comunistas durante a Resistência. Morrem, mas não falam nada. Muito bem!" Olhei para aquele rapaz de cara tão simpática, capaz de falar das sessões de tortura que eu sofrera como de uma partida que ele recordaria no futuro, e ainda capaz de me felicitar sem constrangimento, como teria feito diante de um ciclista campeão. Alguns dias mais tarde, eu o vi congestionado, desfigurado pelo ódio, espancando um muçulmano que não descia a escada rápido o bastante: aquele "centro de triagem" não era apenas um centro de tortura para os argelinos, era também uma escola de perversão para os jovens franceses.

Um paraquedista, porém, não estava de acordo. Era um rapaz, com sotaque local. Certa noite, por volta das sete horas, abriu a porta da minha cela quando já não havia ninguém no corredor. Trazia uma sacola de provisões: cerejas, chocolate, pão, cigarros. Estendeu-a para mim e disse apenas: "Tome, pegue isto. Me perdoe, mas não se pode falar aqui". E apertou minha mão com força, bem rápido, antes de fechar a porta de novo. Mas Érulin deve ter dado novas ordens, porque não vi mais ninguém.

Nos dias seguintes, fui levado à enfermaria. Na primeira vez, fui com o coração batendo forte. Temia novas injeções de pentotal, mas queriam apenas tratar dos meus ferimentos infeccionados. Aplicaram-me injeções de penicilina e trocaram várias vezes os curativos. Eu sabia que não podia tirar nenhuma conclusão a partir daqueles cuidados. Fosse como fosse, tinham interesse em tratar de mim: se quisessem me torturar de novo, seria preciso que eu não estivesse debilitado demais; se, ao contrário, decidissem me executar, precisariam de um cadáver "limpo" para a autópsia, apenas com as marcas "normais" de balas. À medida que os dias passavam, crescia em mim a esperança de que a opinião pública, posta em estado de alerta, seria capaz de me arrancar das garras dos meus torturadores; ao mesmo tempo, tinha certeza de que eles prefeririam o escândalo da minha morte ao das revelações que eu, vivo, não deixaria de fazer. Deviam mesmo ter pesado tudo isso, pois um paraquedista me dissera ironicamente, quando eu ainda não conseguia me levantar: "Que pena, você poderia contar tanta coisa, daria um livro grosso!".

Tentaram me interrogar mais uma vez. Primeiro, Charbonnier, Devis e um outro, desconhecido para mim. Fui levado ao escritório que ficava no mesmo andar. Sentei-me diante deles e eles me fizeram pela centésima vez a mesma pergunta, dessa vez com modos.

— Onde o senhor passou a noite antes da sua detenção?

— Já respondi a essa pergunta quando os senhores me torturaram — respondi. — Minha resposta é que não responderei.

Eles sorriram, sem insistir; em seguida, Devis me disse:

— O aluguel do seu apartamento está em seu nome? O senhor pode responder a essa pergunta: se não responder, a zeladora dirá. O senhor compreende que isso não tem nenhuma importância.

— Perguntem à zeladora, se quiserem; não vou ajudá-los com nada.

A entrevista não durara mais que dois ou três minutos, e Charbonnier me acompanhou de volta à cela.

Alguns dias mais tarde, recebi a visita do tenente Mazza, o ajudante de ordens do general Massu. Começou por me dizer, sem ironia, que ficava feliz de me ver melhor. Depois, muito volúvel, me ofereceu um resumo do pensamento político dos oficiais da força de pacificação: "Não vamos embora", era o leitmotiv. A miséria dos argelinos? Não era o caso de exagerar. Ele conhecia um "indígena" que ganhava 80 mil francos por mês. O "colonialismo"? Uma palavra inventada pelos derrotistas. Sim, houvera injustiças, mas agora estava tudo encerrado. As torturas? Não se vai à guerra com coroinhas. A guerra já teria terminado há muito tempo, mas os comunistas, os liberais, a imprensa "sentimental" sublevavam a opinião pública contra os paraquedistas e os impediam de "trabalhar". Eu tinha pouquíssima vontade de entrar numa conversa daquela espécie: disse-lhe apenas que, felizmente, a França tinha outros representantes e outros títulos de glória; daí em diante, contentei-me em responder ironicamente a cada um daqueles lugares-comuns colonialistas.

Por fim, ele chegou ao motivo daquela visita. Queriam me fazer uma nova proposta: não me pediriam mais que respondesse às perguntas que me faziam, mas apenas que eu escrevesse o que pensava sobre a situação corrente e sobre o futuro da Argélia — e então eu seria posto em liberdade. É claro que me recusei.

— Por quê? — perguntou ele. — O senhor tem medo de que usem isso contra o senhor?

— Também — respondi. — Por outro lado, não tenho a menor intenção de colaborar com os senhores. Se quer saber o que eu e meus amigos pensamos a respeito da questão argelina, basta consultar as coleções do *Alger Républicain*: o senhor com certeza tem acesso a elas, uma vez que o seu jornal, *Le Bled*, agora ocupa nossa redação.

Ele não insistiu e, mudando de assunto, disse à queima--roupa:

— Ah, o senhor sabe, recebi a visita da sua mulher e de um advogado. Perguntaram-me se o senhor estava vivo. Respondi que o senhor ainda estava vivo.

Depois acrescentou:

— É mesmo uma pena. Tenho simpatia pelo senhor. E admiração por sua resistência. Gostaria de lhe apertar a mão, talvez não volte a vê-lo.

Terminado o número, saiu.

Na véspera de minha partida para Lodi, um mês depois da minha detenção, levaram-me a um escritório no andar de baixo. Um capitão dos paraquedistas — com a boina verde da Legião Estrangeira — estava à minha espera: cabelos cortados à escovinha, rosto aguçado como a lâmina de uma faca e atravessado por uma longa cicatriz, lábios apertados e maldosos, olhos claros e salientes. Sentei-me diante dele e nesse exato instante ele se levantou: com uma bofetada no rosto, derrubou-me por terra e fez voar os óculos que tinham me devolvido: "Pode parar com essa carinha insolente!".

Lorca tinha entrado e se postado junto à janela. A presença daquele "especialista" me fez pensar que a tortura estava próxima. Mas o capitão voltou a se sentar, enquanto eu me erguia.

— Você quer um cigarro? — ele me perguntou, mudando bruscamente de tática.

— Não, eu não fumo, e peço que me trate por "senhor".

Não se tratava apenas de "marcar posição", mas também de saber aonde ele queria chegar: tortura ou conversa em tom "amistoso"? Ou bem ele voltaria a me bater, ou bem ele atenderia à minha observação, e eu sentia que disso dependia minha sorte. Ele me respondeu que aquilo não tinha a menor importância e se pôs a me tratar por "senhor". Perguntei se podia pegar meus óculos, e ele julgou que seria melhor que eu me lembrasse do seu rosto: "Pode olhar para mim, sou o capitão Faulques, sabe, o famoso capitão SS. Já ouviu falar?". Eu estava na presença de Faulques, chefe dos torturadores da Villa Sesini, notório por sua crueldade.

Ele devia estar se lamentando por ter se deixado levar pelo ódio. Tentou falar com calma e, a fim de apagar a primeira impressão, mandou trazer duas garrafas de cerveja. Eu bebia devagar, vigiando-o de esguelha, temendo que, com um novo golpe, me quebrasse a garrafa contra os dentes.

— O senhor deve ter uma bela pasta de material a meu respeito, não tem? O que vai fazer comigo, se as coisas mudarem...? Mas eu não me arrisco à toa.

Depois, sem transição, enveredou por uma dissertação sobre os escritores, os pintores comunistas ou liberais e os intelectuais em geral. Falava com muita ignorância, com um ódio tal que convertia suas feições, muito maleáveis, em outras tantas caretas. Eu o deixava falar, interrompendo-o às vezes com a única intenção de ganhar tempo e, portanto, reduzir o tempo destinado à tortura, caso ele quisesse seguir por aí depois.

Ele me fizera as perguntas costumeiras, mas sem insistir. Depois voltara à "grande política". Andava feito um louco pelo escritório, aproximando-se às vezes para berrar uma frase bem perto do meu rosto. Queria que a guerra se estendesse à Tunísia e ao Marrocos. Lamentava que a expedição ao Egito não tivesse resultado numa conflagração geral: "Eu queria mesmo é que um submarino americano tivesse afundado um navio francês. Haveria uma guerra com os americanos: ao menos as coisas teriam ficado mais claras!". Eu o contradizia, mas no tom de quem fala a um doente que não se deve excitar ainda mais. Em vários momentos, ele teve ganas de me espancar, mas se conteve, e a certa altura me gritou: "O senhor não vai dizer nada? Eu faço qualquer um falar com uma faca no pescoço na calada da noite. Ainda vamos nos ver de novo!".

Talvez todos eles tivessem a intenção de "me ver de novo" quando decidiram me enviar para o campo de Lodi, "reserva" de suspeitos que retiravam dali quando julgavam que ainda podiam ser úteis.

Todavia, antes desse último interrogatório e dessa transferência que nada permitia prever, pude observar o funcionamento da fábrica de torturas durante todo um mês. Da minha cela, espiando pelo buraco do ferrolho, eu via o corredor, o patamar e alguns degraus da escadaria. Pelo tabique fino, chegavam até mim os barulhos dos quartos adjacentes.

Durante o dia, havia um vaivém incessante, na escadaria e no corredor, de paraquedistas sozinhos ou empurrando brutalmente algum "suspeito" desnorteado. Em cada andar — como eu soube mais tarde —, os paraquedistas empilhavam quinze ou vinte deles em quartos transformados em prisões. Os prisioneiros dormiam sobre o cimento, ou um catre era compartilhado por três ou quatro. Viviam constantemente no escuro, com as persianas sempre baixadas, de modo que ninguém pudesse ver nada a partir das casas em frente. Durante dias ou semanas — às vezes por mais de dois meses —, ficavam ali à espera de um interrogatório, de uma transferência para um campo ou prisão, ou ainda de uma "tentativa de evasão", isto é, de uma rajada de metralhadora pelas costas.

Duas vezes por dia, por volta das duas da tarde e das oito da noite (quando não se esqueciam), traziam-nos biscoitos de campanha — cinco de dia, cinco à noite, muito raramente um pouco de pão, mais algumas colheradas de uma sopa feita com todos os restos da refeição dos nossos senhores. Certa vez, encontrei uma bituca de cigarro, outra vez, uma etiqueta e caroços de fruta cuspidos.

O encarregado dessa distribuição era um muçulmano. Antigo soldado da infantaria colonial, passara para a guerrilha e fora aprisionado durante um combate. Em troca de sua vida, aceitara servir aos paraquedistas. Seu nome era Boulafras, mas, por zombaria, tinham transformado seu nome em Pour-la-France e assim o chamavam. Meteram-lhe uma boina azul e o armaram com uma matraca de borracha, que usava para se fazer notar por seus mestres. Esse farrapo humano era desprezado por todos, pelos paraquedistas e pelos prisioneiros.

Mas era à noite que o "centro de triagem" vivia sua verdadeira vida. Eu ouvia os preparativos para as expedições: no corredor, o barulho de botas, de armas, ordens de Érulin. Depois, pela claraboia, outros barulhos chegavam até mim. No pátio, ligavam os Jeeps e Dodges e saíam. Tudo ficava em silêncio por uma ou duas horas, até o momento em que os carros voltavam, carregados de "suspeitos" detidos durante a operação. Eu os via, num relance, quando passavam pelo meu campo de visão: escadaria, patamar e corredor. Gente jovem, quase sempre. Mal tinham dado tempo para que se vestissem: alguns ainda estavam de pijama, outros vinham descalços ou de pantufas. Às vezes havia mulheres também. Ficavam presas na ala direita do prédio.

O "centro de triagem" enchia-se então de gritos, de insultos, de risadas desabridas e maldosas. Érulin começava o interrogatório de um muçulmano, gritando: "Reza aqui pra mim!". E eu imaginava, na cela ao lado, um homem humilhado até o fundo da alma, forçado a se prosternar em oração diante do tenente torturador. Então, de repente, os primeiros gritos dos supliciados cortavam a noite. Tinha começado o verdadeiro "trabalho" de Érulin, de Lorca e dos outros.

Certa noite, torturaram um homem no andar de cima: um muçulmano, de idade avançada, a julgar por sua voz. Entre os gritos terríveis que a tortura lhe arrancava, ele dizia, esgotado: "Viva a França! Viva a França!". Talvez julgasse que assim acalmaria seus carrascos. Mas eles continuaram a torturá-lo, e suas gargalhadas ressoavam por todo o prédio.

Quando não saíam para as operações, Érulin e os seus "trabalhavam" em cima dos suspeitos já detidos. Por volta da meia-noite ou uma hora da manhã, uma porta dos quartos-prisão abria-se com estrépito. Uma voz berrava: "Em pé, bando de canalhas!", e chamava um, dois, três nomes. Os convocados sabiam o que tinham pela frente. Havia sempre um longo silêncio, e os paraquedistas tinham sempre de chamar os nomes uma segunda vez, o que os deixava furiosos: "São retardados, é isso? Não sabem dizer 'presente!', não?". Então os prisioneiros que tinham sido chamados levantavam-se, e eu ouvia a chuva de pancadas dos soldados que os empurravam pelo corredor.

Uma noite, Érulin lançou seus homens num assalto simultâneo a todos os quartos. Matraca em punho, eles se precipitaram pelos "dormitórios". "Em pé, em pé!" A porta da minha cela, aberta com violência, bateu contra a parede, e eu levei um pontapé nas costas: "Em pé!". Levantei-me, mas Érulin, passando pelo corredor, me viu e disse: "Não, esse não", e bateu a porta de volta, ele mesmo. Deitei-me de novo no catre, enquanto um alarido sem fim de botas, pancadas, queixumes angustiados invadiam os andares.

De manhã e à noite, quando Boulafras entreabria a porta para me passar a "refeição" ou então quando eu ia aos lavabos, eu passava no corredor por prisioneiros muçulmanos que voltavam à prisão coletiva ou à cela. Alguns me conheciam, por ter me visto nas manifestações organizadas pelo jornal; outros sabiam apenas meu nome. Eu estava sempre de torso nu, ainda marcado pelos golpes que levara, o peito e as mãos cobertos de curativos. Eles entendiam que, como eles, fora torturado e me saudavam ao passar: "Coragem, irmão!". E eu lia em seus olhos uma solidariedade, uma amizade, uma confiança tão integrais que eu me enchia de orgulho por ter, justamente como europeu, um lugar entre eles.

Vivi assim durante um mês, com a ideia bem presente da morte próxima. Hoje à noite ou amanhã, ao raiar do dia. Meu sono era ainda perturbado por pesadelos e tremores nervosos que me despertavam em sobressalto.

Não fiquei surpreso quando, certa ocasião, Charbonnier entrou em minha cela. Deviam ser quase dez da noite. Eu estava em pé, perto da claraboia, e olhava para o bulevar Clemenceau, onde ainda circulavam alguns poucos carros. Ele me disse apenas:

— Prepare-se, não vamos longe.

Vesti meu paletó sujo e amarrotado. Ouvi-o dizer no corredor: "Preparem também Audin e Hadjadj; mas esses a gente leva à parte". Eu já fizera inúmeras vezes o balanço desta vida que eu já tinha por terminada. Mais uma vez, pensei em Gilberte, em todos que amava, em seu sofrimento atroz. Mas me sentia exaltado pelo combate que havia sustentado sem esmorecer, pela ideia de que morreria como sempre quisera morrer, fiel a meus ideais e a meus companheiros de luta.

No pátio, ligaram o motor de um carro e saíram. Pouco depois, dos lados da Villa des Oliviers, ouviu-se uma longa rajada de metralhadora. Pensei: "Audin".

Esperei diante da janela, para respirar o ar da noite e ver as luzes da cidade pelo maior tempo possível. Mas os minutos, as horas passaram, e Charbonnier não voltou para me buscar.

Terminei meu relato. Nunca foi tão árduo escrever. Talvez porque tudo isto ainda esteja muito fresco em minha memória. Talvez também porque, passado para mim, esse pesadelo é vivido por outros neste mesmo instante em que escrevo, e que assim será enquanto não terminar esta guerra odiosa. Mas era preciso que eu dissesse tudo que sei. Eu o devo a Audin, "desaparecido", a todos aqueles que são humilhados e torturados e que continuam lutando corajosamente. Eu o devo a todos que, dia após dia, morrem pela liberdade de seu país.

Escrevi estas linhas quatro meses depois de ter passado pelos paraquedistas, na cela 72 da prisão civil de Argel.

Há poucos dias apenas, no pátio da prisão, o sangue de três jovens argelinos cobriu o sangue do também argelino Fernand Yveton. No imenso grito de dor que irrompeu de todas as celas, no momento em que o carrasco veio buscar os condenados, assim como no silêncio absoluto, solene, que lhe sucedeu, era a alma da Argélia que vibrava. Chovia, e as gotas d'água, demorando a escorrer, brilhavam contra as barras negras da minha cela. Todas as portinholas tinham sido fechadas pelos guardas, mas pudemos ouvir, antes que o amordaçassem, um dos condenados, que gritava: "*Tahia El Djezaïr!* Viva a Argélia!". E, de uma só voz, talvez no exato instante em que o primeiro dos três subia ao cadafalso, ressoou da prisão das mulheres a canção dos combatentes argelinos:

> *Das nossas montanhas*
> *Elevou-se a voz dos homens livres:*
> *Ela clama pela independência*
> *Da pátria.*
> *Eu te dou tudo que amo,*
> *Eu te dou minha vida,*
> *Oh meu país... Oh meu país.*

Tudo isto, eu devia dizê-lo aos franceses que quiserem me ler. É preciso que saibam que os argelinos não confundem seus torturadores com o grande povo da França, de quem tanto aprenderam e cuja amizade lhes é tão cara.

É preciso, porém, que os franceses saibam o que se faz aqui EM SEU NOME.

Novembro de 1957

O tom da história

Samuel Titan Jr.

Em junho de 1957, a Batalha de Argel chegava a alguns de seus lances mais violentos. No ano anterior, uma série de ataques e atentados promovidos tanto pela Frente de Libertação Nacional argelina como pelos grupos paramilitares contrários à independência havia preparado o cenário e exaltado os ânimos. Em janeiro de 1957, tendo perdido todo o controle da situação, o ministro-residente Robert Lacoste jogava a toalha e cedia ao general Jacques Massu o governo de fato sobre toda a região metropolitana de Argel. Munido dos vastos poderes que a lei marcial lhe conferia, protegido por zonas de sombra e silêncio que a cumplicidade geral lhe facultava, o general Massu entrou na cidade à frente da 10ª Divisão Paraquedista como quem entrava em zona de guerra. Confrontado com a reação da FLN, que lançou uma nova onda de atentados e organizou uma greve geral, Massu respondeu com uma ofensiva de prisões sumárias, torturas e assassinatos (mascarados sob o tênue disfarce de "desaparecimentos") que terminaram de incendiar a capital argelina. Em junho, muitas violências mais tarde, boa parte da rede de financiamento e de combate da FLN fora desmantelada, o que não impediu uma nova escalada, com mais ataques a bomba. Os paraquedistas de Massu voltaram à carga, investindo com sanha redobrada contra simpatizantes e militantes — inclusive europeus, como o matemático Maurice Audin, 25 anos, professor na Faculdade de Ciências e militante do Partido Comunista Argelino, detido em 11 de junho em sua casa, diante da esposa e dos três filhos, e nunca mais visto. No dia seguinte, Henri Alleg, diretor do jornal *Alger Républicain* e também militante, foi ter com seu camarada Audin e caiu na tocaia preparada pelos paraquedistas no apartamento deste: preso, Alleg foi conduzido ao centro de tortura de El-Biar, de onde só sairia semanas mais tarde, primeiro para o campo de Lodi e depois, já em agosto, para a prisão de Barberousse, em Argel.

Ao longo desses "acontecimentos" ou "perturbações" (como queriam os eufemismos correntes), não faltaram vozes contrárias que, tanto na Argélia como na França, se elevaram contra a tortura e contra a deriva moral do Exército. E não apenas à esquerda: já em março de 1957, um auxiliar de Massu, o general Jacques Pâris de Bollardière, desligava-se publicamente de seu cargo; sempre em março, o fundador do jornal *Le Monde*, Hubert Beuve-Méry declarava que os métodos do Exército eram indistinguíveis daqueles que a Gestapo praticara em solo francês; e em setembro do mesmo ano, o secretário-geral da polícia de Argel, Paul Teitgen — católico, antigo resistente — pedia demissão, denunciando os métodos de "interrogatório" dos paraquedistas e contabilizando mais de 3 mil "desaparecidos".[1] É nesse contexto

---

1 Na sequência, Teitgen recebeu uma missão diplomática na distante embaixada francesa no Rio de Janeiro.

de crescente mobilização pública que, aos poucos e apesar dos esforços oficiais para silenciar o assunto, o sumiço de Audin foi se tornando um escândalo incontornável: sem notícias do marido, sua esposa Josette multiplicou as cartas aos jornais e os atos de mobilização pública. Num gesto de coragem, a Sorbonne promoveu em 2 de novembro a defesa in absentia da tese de doutorado de Audin, representado por seu orientador. No mesmo mês, criou-se um primeiro Comitê Audin, reunindo grandes nomes da academia francesa a fim de exercer pressão sobre o governo; a esse viria somar-se um segundo, constituído no começo de 1958 na Universidade de Caen pelo helenista Pierre Vidal-Naquet, que em maio daquele mesmo ano divulgaria os resultados de sua investigação no livro *L'Affaire Audin*.[2]

Enquanto isso, o caso Alleg seguia seu curso. A esposa do jornalista, Gilberte, escrevia repetidamente aos jornais e às personalidades locais, até ser expulsa da Argélia; uma vez na metrópole, fez o caso chegar ao dirigente comunista Jacques Duclos, que em 16 de julho interpelou o governo a respeito em plena Assembleia Nacional. Em 30 de julho, o diário do Partido Comunista Francês, *L'Humanité*, publicava o texto da queixa que Alleg enviara da prisão ao procurador-geral de Argel; o número do jornal foi confiscado, o que não impediu o PCF de distribuir o texto de Alleg na forma de panfleto. Em agosto, transferido para a prisão de Barberousse, Alleg foi instado por seu advogado, Léo Matarasso, a redigir um relato tão seco e factual quanto possível do que vivera nas mãos dos paraquedistas. Folha a folha,

---

2 Publicado por uma editora de prestígio literário e passado resistente, as Éditions de Minuit, o livro continua em catálogo.

Matarasso contrabandeou o manuscrito para fora da prisão — e foi o mesmo Matarasso que, tendo contatado os dirigentes do PCF, sugeriu que se oferecesse o texto a um editor independente, a fim de alcançar um público mais amplo que a militância partidária. Consultado, Jérôme Lindon, diretor das Éditions de Minuit, fundadas durante a ocupação nazista, concordou prontamente; o mesmo Lindon tratou de mudar o título do livro para *La Question*, em substituição ao original, *Interrogatoire sous la torture*, que lhe parecia longo e descritivo demais.[3] O livro saiu em fevereiro de 1958, com uma primeira tiragem de 60 mil exemplares, que foi vendida logo nas primeiras semanas. Quando as autoridades francesas abriram os olhos, o estrago moral e político estava feito, e a proibição do livro em 27 de março só fez agravar as coisas — já às vésperas do 13 de maio de 1958, quando uma tentativa de golpe de Estado em Argel precipitou o fim da IV República francesa e a ascensão ao poder de um general De Gaulle determinado a se livrar do "grilhão argelino".

No começo de 1959, Alleg foi condenado a dez anos de prisão por crimes contra o Estado; em junho de 1960, o prisioneiro foi transferido para a penitenciária de Rennes, a fim de ser ouvido no processo Audin; na noite de 2 para 3 de outubro, seus camaradas de partido organizaram sua fuga e o conduziram em segredo à Tchecoslováquia, de onde só

---

3 O título francês faz referência à pergunta que os torturadores de Alleg repetem incansavelmente, ao mesmo tempo que alude à prática da "*question*", isto é, da tortura autorizada pela lei a fim de se obter uma confissão — instituição legal abolida após a revolução de 1789. O livro de Alleg foi traduzido para diversas línguas, muitas vezes sob o título de *A tortura* — como se deu na primeira edição brasileira, publicada pelas Edições Zumbi em 1959.

voltaria em 1962, quando os acordos de Évian puseram fim à guerra e abriram caminho para a independência da Argélia.[4]

Mais de sessenta anos depois de sua primeira edição, *A tortura* segue em catálogo na França — e volta a ser publicada no Brasil. Como explicar a longevidade de um livro que se queria tão preso quanto possível às circunstâncias que lhe deram origem? Parte da explicação deve ser buscada fora do livro, é claro. Na França, o fantasma do passado colonial continua a assombrar a vida política, em particular quando figuras públicas de credenciais equívocas buscam associar as sucessivas vagas de imigração às piores fantasias xenófobas e identitárias. E, no Brasil, a eleição de um presidente paraquedista sempre disposto a fazer o elogio de notórios

---

4 Do lado francês, o acordo contemplava uma ampla anistia para os crimes de guerra cometidos por militares na Argélia. Foi assim que personagens centrais da história de Alleg nunca foram objeto de processo: o tenente André Charbonnier, condecorado e promovido a coronel, morreu em casa, em 1995, ao passo que o tenente Philippe Érulin, igualmente elevado à patente de coronel, foi condecorado em 1978 pelo presidente Valéry Giscard d'Estaing por bravura em combate no Zaire. E Paul Ausaresses, um dos oficiais de confiança de Massu durante a Batalha de Argel, não somente seria promovido a general como viria a ensinar "técnicas de contrainsurreição" em Fort Bragg, na Carolina do Norte, antes de ser nomeado adido militar junto à embaixada francesa em Brasília, em 1973. No Brasil, Ausaresses atuou diversas vezes junto ao Centro de Instrução de Guerra na Selva, fundado em 1964, onde deu cursos para militares brasileiros mas também para agentes da DINA de Manuel Contreras e Augusto Pinochet, entre outros. Leia-se, a respeito, a assombrosa entrevista do general a Leneide Duarte-Plon, publicada pela *Folha de S.Paulo* em sua edição de 4 de maio de 2008. Sobre o tema, leia-se, da mesma autora, *A tortura como arma de guerra. Da Argélia ao Brasil* (Rio de Janeiro: Civilização Brasileira, 2016).

torturadores explica com sobra a pertinência de se republicar o livro de Alleg.

Mas resta a pergunta: por que este livro se afirmou como texto de referência, quando tantas obras da época, de teor às vezes semelhante, caíram em esquecimento? A resposta talvez esteja num comentário do escritor François Mauriac, em sua coluna "Bloc-Notes", publicada na revista *L'Express* de 27 de fevereiro de 1957: para ele, o livro de Alleg constituía um "testemunho sóbrio", incontornável na exata medida em que estava escrito "no tom neutro da História", com H maiúsculo. O comentário de Mauriac não poderia ser mais certeiro e mais atual. Concisa e precisa, a prosa neutra mas não indiferente do jornalista Alleg vai direto ao osso e desperta nossa indignação ética sem jamais solicitar nossa comiseração lacrimosa ou nossa ira virtuosa, sem recorrer a efeitos patéticos ou retóricos — instrumentos sabidamente ambíguos, que mudam de lado e de sentido a cada virada da História. Por essa via singular e moderna, o livro de Alleg se inscreve na linhagem exígua de textos que, como os escritos sobre o caso Calas (1762) de Voltaire ou o *Eu acuso!* (1898) de Zola, marcaram a história francesa e mundial.

E a História continua.

Harry Salem, aliás Henri Alleg, nascido em Londres em 20 de julho de 1921, filho de judeus russos e poloneses, faleceu em Paris em 17 de julho de 2013.

Em 13 de setembro de 2018, o presidente Emmanuel Macron compareceu à residência de Josette Audin a fim de lhe pedir "perdão" e reconhecer a "responsabilidade" do Estado francês pela morte de seu marido Maurice.

Nos primeiros meses de 2019, Argel foi tomada por passeatas e comícios populares contra o presidente Abdelaziz Bouteflika e contra o regime da FLN, que se eterniza no poder desde a independência. Um dos pontos de encontro dos manifestantes desde então é a praça Maurice Audin, no coração da cidade.

O tradutor agradece as sugestões de
Juliana Kobata e Jacques Leenhardt.

La Question © Les Éditions de Minuit, 1958-1961/2008

Todos os direitos desta edição reservados à Todavia.

Grafia atualizada segundo o Acordo Ortográfico da Língua Portuguesa de 1990, que entrou em vigor no Brasil em 2009.

capa
Renata Mein e Elohim Barros
imagem de capa
© Chris Steele-Perkins/ Magnum Photos/ Fotoarena
preparação
Manoela Sawitzki
revisão
Jane Pessoa
Ana Alvares

Dados Internacionais de Catalogação na Publicação (CIP)

——

Alleg, Henri (1921-2013)
A tortura: Henri Alleg
Título original: *La Question*
Tradução e posfácio: Samuel Titan Jr.
São Paulo: Todavia, 1ª ed., 2020
80 páginas

ISBN 978-65-5114-002-0

1. História da África 2. Argélia 3. Memórias 4. Tortura
5. Prisão política I. Titan Jr., Samuel II. Título

CDD 965

——

Índice para catálogo sistemático:
1. História da África: Argélia: Memórias 965

todavia
Rua Luís Anhaia, 44
05433.020 São Paulo SP
T. 55 11. 3094 0500
www.todavialivros.com.br

fonte
Register*
papel
Munken print cream
80 g/m²
impressão
Geográfica